LE
CATHECUMENE

LE CATHECUMENE,

TRADUIT DU CHINOIS.

A AMSTERDAM,

1768.

LE
CATHECUMENE.

DES affaires de commerce m'avoient engagé
à faire un voyage sur mer; j'étois déja bien
loin des côtes de ma patrie, lorsqu'une
tempête affreuse nous fit perdre notre route.
Nous passâmes plusieurs jours entre la vie & la mort;
enfin nous fumes jettés sur une terre inconnue, & for-
cés de trouver un azile contre la fureur des flots.

Je tombai entre les mains d'un peuple rempli d'humanité: je m'aperçus bientôt qu'il avoit perfectionné
tous les arts, qu'il pratiquoit les vertus, & qu'il étoit
doué des plus hautes lumieres où l'homme puisse atcin-
dre. Mon admiration égaloit ma reconnoissance; mais
hélas! il n'est que trop vrai, que l'homme décele toujours
par quelque endroit la foiblesse de son être.

Ces gens-là avoient pris de l'amitié pour moi comme
j'en avois conçu pour eux; leur douceur, leur honnê-
teté avoient gagné mon ame : ils me dirent un jour,
de quelle religion êtes vous? Cette question me surprit;
je leur demandai, s'il y en avoit deux: ma réponse les
fit sourire, & je vis qu'ils étoient étonnés de mon igno-

A iij

rance: ils ajouterent, adorez-vous des Dieux de bois, de
métal ou de pierre? Je hauffai les épaules; ils prirent un
air de fatisfaction, & pourfuivirent: croyez-vous à Moï-
fe qui fit maffacrer vingt-trois mille de fes concitoyens
par ordre de Dieu? Je fis un mouvement d'indignation;
ils continuerent & me demanderent, fi j'étois difciple
de Mahomet qui fendit la lune en deux, & qui la ca-
cha dans fa manche? Je ne répondis que par des fignes
de mépris, qui parurent les fatisfaire infiniment: êtes-
vous Chrétien? me dirent-ils enfin: Je repliquai, que
je ne favois pas ce qu'ils vouloient dire: ils parurent fort
étonnés, & ils ajouterent, qu'ils ne connoiffoient dans
le monde que quatre efpeces de religion. Vous n'en avez
donc point? me dirent-ils: je leur répondis vainement,
que j'étois né dans un pays, où l'on adoroit un feul Dieu,
Intelligence fuprême & bienfaifante, qui a créé le
monde & qui le gouverne; qui récompenfe dans
une autre vie les bonnes actions que l'homme a faites
dans celle-ci; que notre culte confiftoit dans une recon-
noiffance & une foumiffion fans bornes, & dans l'exer-
cice habituel des vertus, c'eft-à-dire de la modération,
de la tempérance? de l'humanité: de la bienfaifance &
de la juftice. Eft ce tout? reprirent-ils: je leur dis que
tout étoit renfermé dans ce peu de mots. Eh quoi! votre
Dieu, ajouterent-ils, n'a point fait de miracles? Il a
créé le Ciel & la Terre, répondis-je modeftement; que
voulez-vous de plus? Quoi! point de Myftères, de
Prêtres, de cérémonies! Je baiffai la tête, & leur dis
que je ne les comprenois pas. Je les entendis alors s'écrier
entre eux: le pauvre homme! dans quel excès d'aveugle-
ment, d'ignorance & de barbarie il eft plongé! Mon

ami, me dit l'un d'eux, nous avons pitié de votre état, nous voulons vous éclairer; remerciez Dieu qui vous a conduit de la main au milieu de nous, pour vous instruire & vous convaincre de notre sainte & admirable religion. Notre Dieu se nomme le Christ, nous nous appellons Catholiques, vous allez voir Dieu. Mon étonnement seroit difficile à exprimer; eh quoi! vous me ferez voir Dieu! Sans doute, répondirent-ils, vous le verrez tout comme nous; nous n'avons pour cela que quatre pas à faire.

Je les suivis donc: nous approchions d'un édifice immense, ils me dirent que c'étoit le Temple; je me fis expliquer ce mot: j'appris avec la plus grande surprise, que c'étoit un bâtiment où résidoit leur Dieu. Eh quoi! leur dis-je, vous renfermez Dieu entre quatre murailles, cet Etre immense, infini, qui anime, pénètre, environne des mondes sans nombre! Ils me répondirent froidement: quand vous verrez notre Dieu, vous ne serez plus si surpris. J'aperçus des portes, des serrures & des clefs à l'entrée de l'édifice, j'en demandai l'explication. Quoi! le Dieu du Ciel & de la Terre, vous le tenez sous la clef! Il le faut bien, dirent-ils, sans cela on pourroit le voler, le profaner. Voler Dieu! le profaner! je passois d'étonnement en étonnement.

Nous avancions dans ce qu'ils appelloient le Temple; je demandai où étoit le Dieu que l'on devoit me faire voir. Un peu de patience, me dit-on; on me conduisit à l'extrémité de l'édifice.

Là sur une table élevée de quelques marches au dessus du sol, on me montre une grande niche d'un travail riche & élégant: dans cette niche, un cercle tout rayonyonnant d'or & de pierreries attire mes regards. Ce qui m'étonnoit, c'étoit de voir ce cercle rempli d'une espece de morceau de papier blanc : je leur demandai ce que c'étoit ? C'est notre Dieu, dirent ils, le voila : à genoux, Profane ? adorez le Dieu de l'univers.

J'avoue que je n'y voyois pas beaucoup de vraisemblance : cependant comme j'ai toujours été avide de m'instruire, je pris la liberté de leur demander, pourquoi ils croyoient que le morceau de papier fût Dieu lui-même ?

Du papier, répliquèrent-ils, Blasphémateur ! Ce que vous voyez, n'est point du papier, c'est un morceau de pâte travaillé avec la plus fine farine. Non moins étonné qu'auparavant, j'insistai & fis la même demande, à l'égard de la feuille de pâte.

Alors ils me dirent, vous ne savez donc pas, Ignorant, que Dieu s'est fait homme ? Je leur jurai que j'en apprenois la première nouvelle. Je leur demandai pourquoi il s'étoit fait homme ? Il faut que vous sachiez, reprirent-ils, que le premier homme mangea une pomme malgré la défense de Dieu, & que toute sa postérité fut en conséquence condamnée à des suplices éternels. Une autre fois les hommes se rendirent si coupables, que Dieu se repentit de les avoir créés ; & dans un moment d'humeur, il les noya tous, à l'exception d'un très-petit nombre. La postérité de ceux-ci n'en devint pas meilleure : Dieu continuoit à être irrité ; il s'agissoit de réconcilier le genre humain avec lui, & Dieu le fils se fit homme pour appaiser Dieu le père.

Cette famille Divine ne laissa pas que de m'étonser un peu; & la fille de Dieu, dis-je alors, qu'eft-elle devenue? Ils répondirent gravement, Dieu n'a point de fille.—Ha ha! il n'a que des garçons Mais dites-moi, à quoi vous connoiffez le fexe de ce fils.—Ils répondirent, Dieu eft incorporel, il n'a point de fexe, il n'en peut avoir.—Mais, infiftai-je, comment Dieu le père a-t-il produit le fils, qui ne peut être ni garçon ni fille?—Il l'a engendré.—Dieu le père a donc un fexe? Il a donc une femme?—Rien de tout cela.—Oh! mes amis, ne vous fervez donc pas de termes qui défignent une opération toute corporelle; mais paffons là-deffus. Quand eft-ce que le père a engendré le fils?—De toute Eternité.—Mes amis, il y a encore ici quelque contradiction, il n'y a pas moyen que l'engendreur & l'engendré foient précifément auffi anciens l'un que l'autre. Accordez-moi au moins une minute.—Nous ne vous accorderions pas une feconde.—Eh bien, paffons encore, je n'aime point à difputer fur ce que je n'entens pas; dites-moi à préfent: votre Dieu n'a-t-il point eu d'autre enfant?—Non, mais il y a dans la famille une troifiéme perfonne, qui procéde du père & du fils.—Procéde! Je ne comprens pas cela: elle n'eft donc pas engendrée celle-là?—Non vraiment, prenez garde à ce que vous dites, vous commettriez une héréfie—Eh bien, je vous paffe encore votre proceffion, quoique je n'y entende rien.—Oh! Monfieur, ce font des Myftères.—Et qu'eft-ce que des Myftères?—Ecoutez bien, Monfieur, ce font des chofes que Dieu lui même a révélées aux hommes, tout exprès afin qu'ils n'y compriffent rien du

tout. — A merveille, Meſſieurs! — Il a voulu humilier leur raiſon. — C'eſt-à-dire qu'il a voulu leur
inſpirer du mépris pour le bien le plus précieux qu'ils
tiennent de lui; & vous ne faites donc plus aucun
uſage de votre raiſon. — Pardonnez-moi, il nous eſt
ordonné de l'employer dans toutes les choſes de la
vie, excepté lorſqu'il s'agit de Religion, alors ce ſeroit un crime de la conſulter. —

Toujours de mieux en mieux, mais vous avez
donc trois Dieux? — Point du tout; trois perſonnes,
à la vérité, dont la premiére eſt le pére, la ſeconde
le fils, le Verbe ou la parole, la troiſiéme l'Eſprit;
mais toutes les trois ne font qu'un ſeul Dieu; remar-
quez bien cela, car c'eſt une choſe importante. —
Comment! comment! Meſſieurs, trois qui ne font
qu'un & un ſeul qui fait trois! Oui, cela eſt, à la
vérité, contre toutes les régles de l'Arithmétique,
mais vous concevez combien la Théologie doit être
au deſſus de cette petite ſcience ſubalterne. — Fort
bien; & lorſque quelqu'un vous doit trois écus, êtes-
vous contens s'il ne vous en donne qu'un? — Oh!
Monſieur, vous voulez rire, mais ce n'eſt pas ici ma-
tiére à plaiſanter; c'eſt encore un Myſtère. — Oh!
tant.. — Vous n'êtes pas au bout, c'eſt ce qui fait
notre mérite; croire ce qui eſt abſurde, voilà, voilà
ce qui peut flatter Dieu: d'ailleurs nous ſommes venus
à bout d'expliquer tout cela & d'en rendre raiſon. —
Ah! pourriez-vous me faire voir ces explications? —
Ah! cela vous prendroit trop de tems. Il y a dix-
ſept cens ans que nous compoſons ſans ceſſe des volumes d'explication ſur toutes ces matiéres; & (le croi-

ság (11)

riez-vous ? il y a encore des milliers d'incrédules que
nous ne pouvons convaincre. — Eh mais ! je vois un
moyen de les ramener : menacez-les de leur jetter
les volumes à la tête, je parie qu'ils viennent se sou-
mettre à vos pieds.

Mais revenons à votre troisiéme personne, comment
l'appellez-vous ? - Le Saint Esprit. S'est-il fait homme
aussi ? — Point du tout, il s'est fait Pigeon : — Fort
bien, mes amis, l'un me paroît aussi croyable que
l'autre. — Nous ne sommes pas bien assurés que ce
fût sa forme naturelle, mais toutes les fois qu'il s'est
montré aux hommes, il n'a pas manqué de revêtir
celle-là. — Et vous tenez sans doute ce Dieu-là dans
un pigeonnier ? — Point du tout, nous ne le tenons point
du tout, non plus que Dieu le père, que vous voyez peint là haut avec des cheveux blancs & une
longue barbe. — Vous peignez sans doute le fils avec
la même barbe & les mêmes cheveux blancs ? — Oh !
non, vous le voyez là sous la figure d'un tel homme, d'âge viril, comme il convient.— Mais s'ils sont
aussi anciens l'un que l'autre, il me semble que le
fils a autant de droit que le père, à tous les véné-
rables signes de vieillesse. — Monsieur, il faut de
l'ordre en toutes choses : vous voudriez donc renver-
ser les loix de la nature & confondre le père avec
le fils : celui-ci diroit toujours dans sa course mor-
telle, que son père étoit plus grand que lui. — Et
vous le croyez pourtant son égal ? — Sans doute,
égal, plus grand ; quand on veut s'entendre, tout
cela revient au même. —

On ne peut mieux raisonner : Et le fils s'est fait

homme sans doute de toute Eternité? — Quelle pitié! il n'y a que dix-sept cens ans. — De qui & comment est-il né? — Mon cher Monsieur, il est né d'une Vierge — Elle fut très-surprise sans doute? — Oh! vous jugez bien, mais un Ange, un Esprit Céleste étoit venu heureusement pour la préparer: sans cela vous concevez qu'elle seroit morte de frayeur & de honte en accouchant: vous allez être bien surpris encore, cette Vierge étoit mariée. — Ah pardonnez-moi, je le suis un peu moins que vous ne pensez: ce Mystére à mon avis se comprend un peu mieux que les autres. — Ne plaisantez point, son mari ne couchoit point avec elle; c'est encore une révélation. — Mais enfin comment cette Vierge conçut-elle? — Par l'opération du St. Esprit: — Eh bien, par exemple, voilà qui est clair, & l'expression est de plus fort honnête; c'est-à-dire que le pigeon qui procéde du fils, a ensuite produit le fils Dieu homme? — Vous y êtes précisément. Il faut que vous ayez un talent naturel pour débrouiller les généalogies. — Le fils d'une Vierge & d'un pigeon étoit véritablement un Dieu? — N'en doutez pas, la chose est si claire, comme vous voyez. — Et cet homme Dieu, de quelle espèce de femme nâquit-il? — D'une Charpentiére. — Ah! j'en suis bien aise pour les Charpentiers: & où nâquit-il? — Dans une étable, entre un bœuf & un âne, au mois de Décembre, par un très-grand froid; mais Dieu n'abandonna pas son fils; l'âne & le bœuf souffloient sur lui & le réchauffoient. — Et n'y avoit-il qu'un âne? — Non, Monsieur. — Ah! je conçois bien, qu'ils n'é-

toient pas tous là ; & quelle vie mena-t-il enfuite ?
— Il paffa trente ans dans la boutique de fon père à
qui il étoit d'un grand fecours dans tous les ouvra-
ges. — Vraiment je crois que c'étoit de la befogne
bien faite : ah ! Meffieurs , les belles idées que vous
avez de la Divinité ! — Au bout de ces trente ans ,
il fe mit à prêcher le peuple dans les Campagnes ,
cela dura quelque tems ; enfuite les Magiftrats fe mirent de mauvaife humeur , parce qu'il difoit dans fes
fermons beaucoup de mal des gens riches & en pla-
ce , & qu'il prétendoit qu'ils iroient à tous les Dia-
bles : il prévit qu'il alloit être mis en prifon , & il
fua de peur fang & eau. — Votre Dieu fua de peur !
Eh bien , voilà encore un beau trait dans fon hiftoire. — On l'arrêta , & par Sentence des Magiftrats ,
après qu'on lui eut craché au vifage , il fut mis en
croix entre deux voleurs. — Franchement , voilà un
Dieu en fàcheufe pofture , ou en bien mauvaife com-
pagnie ! Et il mourut ? — Et il mourut. — Et il fut
enterré ? — Et il fut enterré. — Eh bien , Meffieurs ,
voilà donc qui eft fini , votre Dieu eft pendu , mort
& enterré , voilà fon hiftoire terminée : je la trouve ,
l'honneur , on ne peut pas plus amufante. — Monfieur , Monfieur , vous allez bien vite ; il mourut , il
ft vrai , pour engager Dieu le père à pardonner aux
ommes. — En confidération de ce qu'ils avoient tué
on fils : rien de mieux imaginé en effet. — Mais
prenez que pour témoignage de fa Divinité , il fe
rffufcita lui-même trois jours après fa mort. — En pu-
lic ? — Non , fecrettement. — Et quelles preuves
a avez-vous ? — Le récit de fes Difciples. — Et

que diſoit tout le peuple ? — Il nioit le fait. — Fort
bien , Meſſieurs , vous êtes auſſi heureux en preuves
qu'en raiſonnemens ; & avoit - il fait d'autres miracles
pendant ſa vie. — Oh ! tant ! il guériſſoit tous les
poſſédés , il ſéchoit les figuiers , il envoyoit les Dia-
bles dans des troupeaux de cochons , il rempliſſoit de
poiſſon les filets de ſes diſciples , il remettoit très-
proprement les oreilles coupées , il changeoit l'eau en
vin , lorſqu'il étoit prié d'aſſiſter à des nôces : car il
faut vous dire qu'il ne ſe faiſoit pas une peine de
ſe trouver à des feſtins lorſqu'on l'en prioit. — Vraiment pour un Dieu Charpentier , il étoit tout - à - fait
aimable , & de plus je vois qu'il ſe rendoit utile dans
les maiſons : c'eſt fort bien fait à lui : Et voyoit - il
des femmes ? — Quelquefois , il étoit ſurtout fort in-
dulgent pour les femmes adultères , & ſa meilleure
amie étoit une Courtiſanne publique : il avoit gagné
ſon ame , au point qu'elle ne voyoit plus que lui. —
Eh mais ! je ſuis aſſez content de ce miracle - là , il
marque du talent & un mérite caché. — Ah ! vous
dites bien , Monſieur , il aimoit tant à ſe cacher , que
jamais dans ſa vie il n'a dit qu'il étoit Dieu. — Et
pourtant vous le croyez Dieu ? – Sans doute : les Sec-
tateurs ont diſputé longtems ſur cet important article
il en a été de même du St. Eſprit , & parce qu'il
n'étoit point parlé de ces trois perſonnes Divines dans
les anciennes écritures. Le St. Eſprit n'a été recon-
nu qu'après douze cens ans : & quant à la Divinité
de Jéſus , il n'a fallu que trois cens ans de diſputes
de troubles , de maſſacres , pour décider la choſe
ſon avantage. — Ah ! je ſuis charmé de cette fortune

là : elle s'eſt un peu fait attendre, mais que Diable il me ſemble qu'il doit le dire lui-même ; ſans cela c'eſt ſa faute auſſi : lorſqu'un Charpentier eſt Dieu, comment veut-il qu'on le devine ? Il me ſemble que ce ſeroit encore aſſez faire, que de l'en croire ſur ſa parole ; en vérité tous les Charpentiers du monde n'en peuvent pas exiger davantage.

Mais puiſque vous aimez tant ce Dieu homme, ſans doute il eſt né dans votre pays ? — Point du tout, il nâquit, il vécut dans une autre partie du monde. — Il me ſemble que vous cherchez vos Dieux bien loin : apparemment il avoit compoſé un corps de Doctrine & de Religion, que vous avez cru devoir adopter ? — Il n'a point fait de corps de Doctrine, il n'a point enſeigné de nouvelle Religion ; il n'a rien compoſé, rien écrit ; ne vous avons nous pas dit qu'il aimoit à cacher ſes œuvres ? Mais à ſon défaut, quelques-uns de ſes diſciples ont écrit ſon hiſtoire, ſes diſcours, ſes penſées. — Et c'eſt ce qui forme le code de votre Religion ? elle y eſt annoncée, définie, preſcrite exactement ? — Rien de tout cela, on n'y trouve que quelques faits de ſa vie : accompagnés de quelques préceptes de morale, qu'il répandoit ça & là dans ſes diſcours : il y dit lui-même hautement & expreſſément, qu'il eſt venu accomplir la loi ancienne, & non la changer. — Il y avoit donc avant lui une Religion particuliére dans le pays où il prit naiſſance ? — Oui vraiment. — C'eſt donc cette Religion que vous ſuivez ? — Nullement ; la nôtre lui eſt oppoſée preſque dans tous les points. — Mais d'où vous eſt donc venue cette Religion nouvelle que vous

avouez vous - mêmes n'avoir pas été annoncée ni en-
seignée par votre Dieu ? C'est donc vous qui l'avez
faite. — Nous avons expliqué, commenté, interprété
fans cesse pendant dix-sept cens ans, tous les discours
de notre Dieu, & nous en avons tiré une belle suite
de Dogmes & de Mystères tout nouveaux. — Et vous
êtes tous d'accord dans ces explications ? — Ah! il s'en
faut bien, nous n'avons pas cessé de disputer, de com-
battre, de nous égorger pour ces diverses interpré-
tations. — Je suis fâché de vous le dire, mais voilà une Religion qui ne paroît pas attirante; vous ne
vous entendez pas les uns les autres, & vous vous
égorgez pour cela! Je suis fort mal édifié, je vous l'a-
voue ; il s'ensuivroit de vos principes que Dieu seroit
venu exprès parmi les hommes, pour les engager à
se massacrer mutuellement. Votre Dieu ne me plaît
point du tout, mais je vois ce qui vous a fait adopter une Religion si extraordinaire, c'est que les habi-
tans où votre Dieu prêcha, l'avoient tous embras-
sée ? — C'est encore ce qui vous trompe; notre Dieu
n'y gagna qu'un très-petit nombre de Disciples, tous
de la lie du peuple : & ne vous avons-nous pas dit
qu'il fut mis à mort par ordre des Magistrats ? —
Quoi! Messieurs, ses discours n'ont pas été crus par
la Nation qu'il instruisoit ? — Non, Monsieur. —
Ses miracles n'ont pas persuadé ceux qui en étoient
témoins ? — Non, Monsieur. — Et vous croyez à
toutes ces choses, vous qui êtes à mille lieues & à
dix-sept cens ans de distance ? — Oh! Monsieur, il
y a explication à tout. Il faut que vous sachiez que
Dieu avoit envoyé exprès son fils chez ce peuple, &

qu'i

qu'il avoit exprès endurci le cœur de ce peuple, pour qu'il ne crût pas à son fils. — Bien expliqué! en honneur, voilà qui me paroît satisfaisant à l'excès. Faites-moi le plaisir de me dire quel étoit le nom de ce peuple? — On l'appelloit le peuple Juif. — Je ne le connois point. — Oh! Je le crois; il occupoit un si petit & si pauvre pays, que sa réputation n'a pu faire beaucoup de chemin; mais il n'en étoit pas moins autrefois le premier peuple de la Terre. Dieu l'avoit choisi parmi tous les autres, pour en faire sa Nation favorite : il le gouvernoit par lui-même, il parloit souvent à ses chefs, mais il ne leur montroit que son derriére. Nous ne finiriions pas, si nous voulions vous raconter tous les prodiges qu'il ne cessoit d'opérer en leur faveur.

Une fois entre autres qu'ils étoient au nombre de six cens mille combattans, il leur donna les moyens de se sauver des mains des ennemis qui les poursuivoient pour les avoir volés par ordre de Dieu. — Ah! Monsieur, le beau miracle! Six cens mille combattans qui s'enfuient! L'admirable idée que vous me donnez de cette brave Nation, & de son Dieu! — Il la chérissoit à tel point, qu'à la moindre faute qu'elle commettoit, il la livroit en proye aux peuples voisins, qui la réduisoient en esclavage, ou la massacroient sans pitié; quelquefois aussi par pure tendresse pour les Juifs, il leur ordonnoit de s'égorger mutuellement, & il y en eut une fois vingt-trois mille mis à mort par leurs propres concitoyens : & cela par les ordres de Dieu même. Il commanda à un de leurs Rois de maſſacrer juſqu'au dernier homme d'une Nation vaincue. Celui - ci eut l'audace de ne pas égorger des hommes hors d'état de ſe défendre, il en fut puni : un fils de ce Roi mangea un peu de miel un jour de bataille, il fut condamné à la mort. Le père & le fils furent proſcrits par leur Dieu juſtement irrité, qui choiſit exprès de ſa main un nouveau Roi. Celui - ci à la vérité coucha avec la femme d'un de de ſes Généraux, & fit maſſacrer le mari.

Il eut de cette femme adultere un fils, qui raſſembla ſept cens femmes dans ſon Sérail : mais Dieu les chérit toujours l'un & l'autre. Tous deux furent comblés de bénédictions céleſtes. Notre Dieu homme avoit l'honneur de deſcendre en droite ligne de cette femme adultere. -- Ah ! Meſſieurs, vous me faites frémir. -- Ne vous avons-nous pas déja dit que la conduite de ce Dieu fut toujours myſtérieuſe, & qu'il s'eſt propoſé pour objet d'humilier la raiſon humaine ? Le premier légiſlateur de ce peuple, & qui lui fut donné pour chef par Dieu même, étoit un aſſaſſin ; il n'en eut pas moins le don de faire des miracles ſans nombre. Il compoſa un très grand corps de Loix Civiles & Religieuſes, que nous conſervons encore, & que nous révérons comme certainement inſpirées par la Divinité. — Et vous ne les ſuivez pas ? -- Non vraiment, nous les avons en horreur ainſi que ceux qui les pratiquent. Il eſt vrai que ce peuple avoit d'abord été choiſi de Dieu, & tout le reſte de la Terre rejetté : enſuite toute la Terre a été appellée, & ce même peuple proſcrit. N'admirez-vous pas, Monſieur, la ſageſſe du Dieu que nous adorons ?

Nous voulons aussi vous faire admirer sa bonté : il avoit défendu au peuple Juif, sous les plus grandes peines, de manger du Cochon, & Dieu s'est fait homme tout exprès pour changer cela. Depuis dix-sept cens ans, nous mangeons du Cochon tant qu'il nous plaît, & par par reconnoissance nous brûlons ceux qui n'en mangent pas. —

A merveille : mais expliquez-moi, je vous prie, ces mots *proscrits*, *rejettés*, que je n'entens pas bien. - Ils signifient que tous ceux qui n'adorent pas notre Dieu, & qui ne lui rendent pas le même culte que nous, sont condamnés dans l'autre vie à des flammes éternelles. — Je comprens : mais puisque tous les hommes ont été appellés à votre nouvelle Religion, pourquoi n'a-t-elle jamais été connue dans le pays où je suis né ? — Myftère, Monfieur, Myftère ! Et croyez-vous être le feul, qui n'ayez point connoiffance de cette nouvelle religion ? — Je l'imagine du moins d'après vos principes. — Apprenez que le Chriftianifme a rampé d'abord fur la terre pendant plufieurs fiècles, ignoré, caché, répandu lentement dans le peuple. Quelques Souverains l'adoptèrent : alors fes progrès fe firent plus rapidement & d'une maniere éclatante : mais dans fon plus haut point de grandeur, jamais il n'eft parvenu à occuper la quinzieme partie de la Terre. — Et les quatorze autres parties de la Terre ne produifent que des damnés ? — Rien n'eft plus certain, & gardez-vous bien d'en douter, vous feriez damné vous même. — Cela me paroît bien dur : mais fans doute votre Dieu, votre religion ont été annoncés à tous les peuples : c'eft leur faute,

s'ils perſiſtent dans l'erreur. -- Vous vous preſſez toujours trop tôt de juger : apprenez que les trois quarts
de la Terre n'ont jamais eu ni pu avoir connoiſſance de
notre Religion , du moins pendant quinze - cens ans.
Nous ignorions encor l'art de la navigation , nous
ne pouvions traverſer les mers immenſes qui nous ſé-
paroient d'eux , pour aller les inſtruire de nos dogmes
& de notre culte. -- Et ces gens-là étoient damnés
pour n'avoir pas connu ce qu'ils ne pouvoient pas
connoître ? -- Sans doute : depuis trois ſiècles l'art de
naviger nous a mis à portée d'aller inſtruire quelques-uns
de ces peuples , ſeulement ſur les côtes; car il étoit
impoſſible de pénétrer bien avant dans les terres. Nous
avons fait quelques Proſélites. -- Et ceux qui ne peuvent
croire que trois ne font qu'un ? -- Mr. nous les égor-
geons , toutes les fois que nous ſommes les plus forts.
-- Ah ! barbares ! -- Prenez garde à ce que vous dites :
nous vengeons notre Dieu , qu'ils ne veulent pas recon-
noître : nous voulons lui gagner des ames ; elles re-
ſiſtent , il faut bien punir leur obſtination. -- Meſſieurs,
croyez-vous votre Dieu tout-puiſſant ? -- Certainement. --
Il eſt tout-puiſſant , & vous penſez qu'il a beſoin de
votre ſecours pour gagner des ames , & vous vous
chargez du ſoin de punir pour lui , & de le venger !
Quelle terrible inconſéquence ! Et votre Dieu vous a-
t-il ordonné expreſſément d'égorger vos freres en ſon
nom ? -- Non pas préciſément , mais nous avons l'art
d'interpréter ſes volontés. On voit bien que vous ne
ſavez pas ce que c'eſt que le zèle de la gloire de
Dieu , & l'extrême envie de lui plaire. -- Et le moyen

que vous choisissez , c'est de massacrer ses Créatures.

Je frémissois de tant d'absurdités & d'horreurs : mais, faisant effort sur moi-même, pour achever de m'instruire je leur demandai quel étoit leur culte. Ils me dirent, vous l'allez voir, voilà le Prêtre qui monte à l'autel, suivez les cérémonies.

Je vis en effet cet homme singuliérement & richement vêtu, se courber, se relever, se promener d'un côté à l'autre, lisant, marmotant des paroles que je n'entendois pas : je leur dis, cet homme ne parle donc pas votre langue ? — Vraiment non , répondirent ils ; toutes nos prieres sont dans une langue étrangere, qui n'est guere entendue que de la millieme partie de la nation ; & la plupart même des livres de notre religion sont écrits dans un langage si ancien, que personne ne le comprend plus. — Je témoignai ma surprise, mais on me répéta doucement, suivez les cérémonies. Je vis alors le Prêtre prendre entre ses mains une grande feuille de pâte. Je leur dis : est-ce encore là votre Dieu ? Pas encore, me repliqua-t-on ; mais vous n'attendrez pas longtems. — Je redoublai d'attention , pour voir comme on devenoit Dieu. Le Prêtre s'inclina , marmota quelques mots, leva le morceau de pâte par dessus sa tête : tout le monde étoit prosterné , on m'obligea d'en faire autant. Je ne comprenois rien à tout cela. Cependant le Prêtre prit une coupe d'argent, dans laquelle je lui avois vu mettre de l'eau & du vin ; il s'inclina encore, prononça des paroles , leva la coupe par dessus sa tête. Interdit , étonné , je demandai l'explication de ce que je voyois. — On me répondit , ce morceau de pâte que vous avez vu d'abord, & que vous voyez encore, ce vin & cette eau qui font renfermés dans cette coupe, exiftoient tout-à-l'heure, & n'exiftent plus. — Comment! ils n'exiftent plus, & je les vois comme je les voyois auparavant! — N'importe, me dit-on, vos fens vous trompent: d'abord, c'étoit en effet de la pâte, c'étoit du vin & de l'eau; à préfent par le moyen des paroles que le Prêtre vient de prononcer, cette pâte s'eft anéantie, elle eft devenue le Corps même de notre Dieu: cette eau & ce vin ont ceffé d'être, ils font devenus le fang de Dieu. Etes-vous au fait à préfent? Convenez que voilà un beau myftere. — Admirable en effet! Le corps de Dieu d'un côté & fon fang de l'autre! Que cela eft heureufement imaginé! Mais, Meffieurs, êtes-vous bien affurés de ce que vous me dites? — Comment en pouvez-vous douter? Le Prêtre a dit les paroles. — Et votre Dieu eft obligé de s'y foumettre, & de fe rendre là à point nommé? — Sans doute. — J'avois ouï dire que Dieu avoit créé l'homme, & ici c'eft l'homme qui crée Dieu. — Oui, Monfieur. — Et vous pouvez tous opérer ce prodige. — Oh! non, il n'y a parmi nous que les Prêtres qui ayent ce pouvoir. — Et qu'eft-ce que les Prêtres? — Ce font des hommes qui embraffent cet état pour vivre, & à qui l'on donne dix fols pour faire ce prodige. — Cela ne me paroît pas cher, & ils ne le font apparemment qu'une feule fois dans leur vie? — Point du tout, ils le peuvent à toute heure, à tout moment: mais pour l'ordinaire, ils fe contentent d'une feule fois par jour. — En vérité cela me paroît bien modefte de leur part. Vous avez donc

chaque jour autant de Dieux que de Prêtres ? — Vous y
êtes précisément. — Et avez-vous beaucoup de Prêtres ?
— Un nombre presqu'infini. — Et parconséquent un nombre presqu'infini de Dieux. Ah ! Messieurs, la belle
manufacture que vous avez là ! Je suis dans un étonnement. — Ne vous pressez pas de vous étonner, me
dirent-ils, vous n'êtes pas au bout. — Apparemment, leur
dis-je alors, qu'il n'y a qu'un seul de vos Prêtres qui
fasse cette cérémonie à une heure fixée : votre Dieu
ne pourroit se trouver en deux endroits à la fois. —
Vous vous trompez encore : il y a peut-être, en ce
moment même, cinq cens mille Prêtres qui pronon-
cent les mêmes paroles. — Et cinq cens mille Dieux
créés à la fois au même instant ? — Oui , Monsieur , &
c'est absolument un seul & même Dieu partout. — Et
les cinq cent mille Dieux ne font qu'un ? — A merveille,
vous voyez bien que cela va tout seul, & que rien
n'est plus aisé à comprendre, vous l'avez saisi d'abord,
mais ne perdez pas le Prêtre de vue, & observez
attentivement ce qu'il fait.

Je levai les yeux, & je l'aperçus qui rompoit la
feuille de pâte entre ses doigts; je frémis, & ne pus
m'empêcher de m'écrier: ah ! Messieurs, voilà le
Prêtre qui casse les bras & les jambes à votre Dieu ! Ils
se mirent à sourire & me dirent avec douleur : ne crai-
gnez rien, il l'a divisé en trois parties, il est vrai ,
mais c'est sans lui faire aucun mal : car le corps de
Dieu se trouve à présent tout entier dans chacune
de ces trois parties , & vous devez convenir que cela
se comprend aussi aisément que tout le reste. — Je fus

obligé de l'avouer. En même tems je remarquai que le Prêtre mettoit un petit morceau de pâte dans la coupe où étoit le sang ; étonné encore , je leur dis : le voilà qui met le corps dans le sang , & il me semble au contraire que c'est le sang qui devroit être dans le corps. Ils se moquerent de moi , & me dirent de ne pas insister sur ces bagatelles , & que j'allois voir bien autre chose.

En effet je vis le Prêtre qui plioit proprement les deux grandes parties de la feuille de pâte , l'une sur l'autre ; il se frappa trois fois la poitrine , il aprocha sa bouche : jugez de ma surprise ! je le vis saisir son Dieu entre les dents , lui faire craquer les os , le manger , le dévorer , l'avaler enfin & l'absorber dans son estomach. On me dit , vous voilà bien étonné : vous ignoriez qu'un homme pût manger Dieu : vous voyez pourtant que cela est bientôt fait. — Ah ! Messieurs , leur dis - je , il en a mangé trente pour le moins , car j'ai bien vu qu'il l'a mâché assez longtems , & il ne l'a pu sans le diviser entre ses dents ; & vous venez de me dire que dans chaque partie il reconnoissoit un Dieu tout entier. — Eh bien ! trente fois , me répondit - on. — J'avoue , repris-je alors , qu'il étoit bien juste qu'il les mangeât , puisqu'il les avoit faits. Mais comment n'a - t - il pu faire qu'une bouchée de ce corps tout entier , ou plutôt de ces trente corps ? Comment le goût de la chair de cet homme Dieu ne l'a-t-il pas fait frémir ? — Vous n'y êtes pas , reprirent-ils : il n'a senti que le volume & le goût de la petite feuille de pâte : ne vous avons-nous pas dit

que toutes fes apparences continuoient de fubfifter? –
C'eft - à - dire , que votre Dieu après avoir fait un
miracle pour venir là , en opére un fecond pour vous
en faire douter. – Oui , Monfieur, afin que nous ayons
du mérite à croire. – Je vois , Meffieurs , que vous
n'en êtes pas les dupes, & que vous ne donnez pas
dans ces pièges-là. Mais fans doute votre Dieu a en-
feigné formellement & évidemment ce Dogme, il a
inftitué diftinctement le Sacrifice & toutes les cérémonies, il a créé des Prêtres? – Rien de tout cela : on
ne trouve dans fon hiftoire écrite par fes difciples ,
ni ces facrifices , ni ces miftères , ni ces Prêtres , ni
ces prodiges fans nombre : mais nous lifons dans cette hiftoire , qu'étant un foir à fouper avec fes amis
il prit par forme de converfation un morceau de pain
qu'il partagea avec eux en leur difant : ceci eft mon
Corps, & quand vous ferez ces chofes, vous les ferez en mémoire de moi; il n'a jamais dit que ce
peu de mots fur cette importante matière. Cent au-
teurs ont travaillé, ont écrit fur ce paffage, & en
ont enfin tiré cette admirable doctrine que nous
venons de vous enfeigner. — Il falloit que ce fuf-
fent d'habiles gens. – Oh ! nous vous en faifons juge;
il faut vous dire auffi , qu'ils étoient tous prêtres. –
C'eft-à dire de ceux qui fe vantent de faire le miracle? – Oui, Monfieur. – Eh mais ! je fuis un peu moins
étonné que je n'étois d'abord. – Malgré une autorité
fi décifive , des nations entières ont altéré , ont défi-
guré , ont nié ce dogme; il a fallu le défendre les
armes à la main ; & il n'en a guère coûté que trois

ou quatre cens mille hommes, pour le conferver dans toute fa pureté chez quelques peuples feulement, car il a été aboli chez beaucoup d'autres.

Cependant, un d'entre eux me tira doucement par la manche, & me dit : fuivez ce qui fe paffe à l'autel. J'obéis : le Prêtre tira une petite clef de fa poche, il l'appliqua à une petite ferrure, & ouvrit une petite niche obfcure qui étoit au milieu de l'autel ; il s'inclina, porta fa main dans la niche, & en retira un vafe d'argent ; il découvrit le vafe, & retira avec le bout des doigts une très-petite feuille de pâte, fe retourna vers les fpectateurs, defcendit de l'autel, s'aprocha d'une baluftrade couverte d'une nape ; tous les affiftans s'avancèrent l'un après l'autre, prirent un bout de la nape fur leurs mains, baifférent les yeux, levérent la tête, tirérent la langue : le Prêtre les parcouroit tous, & leur plaçoit fur la langue le petit morceau de pâte.

Quand tout cela fut fini, j'en demandai l'explication, felon mon ufage : ils me dirent tranquillement, ce font autant de Dieux que nous avons mangés : de quoi êtes-vous étonné ? il me femble que chacun fon Dieu ce n'eft pas trop. — Quoi ! Meffieurs, ce vafe que le Prêtre a tiré de ce petit cachot noir, étoit tout plein de Dieux ? — Oui vraiment, tant qu'il en peut tenir, tous couchés les uns fur les autres en attendant qu'on les mange ; tous les jours la table eft dreffée, comme vous voyez, la nape eft mife ; & tout homme qui fe fent en appétit fpirituel peut venir fe régaler dévotement. — Le matin & l'après midi ? —

Le matin feulement. – Ah ! je comprens , vous ne mangez votre Dieu qu'à déjeuner : Et dans tous vos Temples eft - ce la même chofe ? – N'en doutez pas ; dans
tous les pays où notre Religion eft établie , il fe con-
fomme peut-être , bon an , mal an , cent ou deux
cent millions de Dieux. Répétez ce nombre jufqu'à
la fin du monde, ajoutez-y le grand nombre de fiècles
qui fe font écoulés depuis l'établiffement de notre culte ,
vous verrez des milliards de milliards de morceaux de
pâte , de Dieux , de métamorphofes , de prodiges &
d'eftomacs humains changés en temples de la divinité.
Ah ! Monfieur , l'admirable Religion ! nos champs font
couverts de moiffons , & il n'y a pas un feul grain
de bled qui ne puiffe au befoin devenir un Dieu. –
Vous n'en dites pas affez , Meffieurs ; car d'après vos
principes , vous n'avez qu'à brifer en particules infen-
fibles tous les morceaux de pâte , le tout fans faire
aucun mal à votre Dieu , (car ce feroit bien dom-
mage) & en ce cas , vous multipliez vos Dieux comme les fables de la mer. Je découvre encore que ,
comme il y a dans le fein de la terre une infinité de
portions de matiéres qui peuvent devenir du bled &
de la farine , toutes ces multitudes innombrables de
particules n'attendent qu'un heureux hazard , pour être
autant de Dieux ; j'apperçois dans un tas de fumier des
milliers d'Etres Divins poffibles ; vos latrines même en
regorgent ; & il n'y a pas une partie de vos cadavres ,
qui ne puiffe à fon tour devenir une Divinité. –

On ne peut pas mieux raifonner , dirent-ils alors :
vous avez faifi toute la fécondité des principes. –

Mais, repris-je aussitôt, il me reste une question à vous faire : quand vous avez mangez votre Dieu, vous êtes donc vous-mêmes autant de Dieux ambulans : & s'il plaisoit à un de vos Prêtres de se nourrir uniquement de cette pâte divine, tout son corps à la longue ne seroit donc plus qu'une coagulation de Dieux, & s'il alloit à la garde-robe, ses excrémens seroient encore des Dieux, & vous tiendriez sans doute à grand honneur de les manger ? — Vous vous trompez ici, me dirent-ils froidement. — Mais, Messieurs, comment la chose peut-elle n'être pas ainsi ? j'ai bien voulu ne pas vous contester la destruction & l'anéantissement de votre pâte, de votre eau & de votre vin ; mais Dieu ne peut être ni détruit, ni anéanti ; & s'il ne peut l'être, ma conséquence est nécessaire & évidente. Puisque vous mangez Dieu, ou vous le digérez ou vous le rendez par les selles, pardonnez-moi le terme. — Ni l'un ni l'autre, me dirent-ils : notre Dieu, il est vrai, prend un singulier plaisir à être mangé : on ne peut rien faire qui lui soit plus agréable. — A la bonne heure, on ne dispute pas des goûts. — Mais, Monsieur, de ce qu'il aime à entrer dans notre bouche, il ne s'ensuit pas qu'il veuille s'enterrer dans notre estomach ni sortir par notre derrière ; notre Dieu est décent, & nous vous prions de croire qu'il n'habita jamais dans un pot de chambre : écoutez bien comment la chose se passe : aussitôt que Dieu est descendu dans notre estomach, la pâte, l'eau & le vin, renaissent, & il n'est plus question de Dieu. — Il sort sans doute par en-haut ou par en-bas ! —

Il ne ſort point. — Il reſte donc? — Il ne reſte pas non plus. — Que devient-il donc? car enfin il faut qu'il ſorte ou qu'il reſte, ou bien qu'il s'anéantiſſe; & je vous avoue qu'un Dieu qui s'anéantit, ne m'en impoſe point du tout, & qu'il me donne très-mauvaiſe opinion de lui. — Prenez garde à ce que vous dites; notre Dieu ne s'anéantit point. — Eh bien! je ne veux pas diſputer, je me bornerai à une expreſſion, qui pourra peut-être vous ſatisfaire: il a d'abord eſcamotté le pain & le vin, & il finit par s'eſcamotter lui-même. — Le terme n'eſt pas noble, mais nous voulons bien vous le paſſer, puiſqu'il ne rend par mal l'idée que nous avons de cet adorable myſtère: d'ailleurs il s'agit de vous gagner à notre ſainte Religion, nous vous devons quelque condeſcendance. Ne vous ſentez-vous pas merveilleuſement édifié? notre Dieu ne vous paroît-il pas grand & ſublime? ſa doctrine, ſa vie, ſes myſtères, tout ne vous ſemble-t-il pas marqué au coin de la Divinité?

J'héſitois à répondre: allons, mon cher enfant, reprirent-ils, ſoumettez-vous, ne réſiſtez plus. Je craignois de les choquer, je ne diſois mot: alors ils s'approchèrent de moi avec un vaſe plein d'eau; ils me prièrent avec beaucoup de politeſſe de permettre que l'on verſât quelques goutes de cette eau ſur ma tête. Je ſuis complaiſant de mon naturel, je ne fis aucune difficulté d'y conſentir, d'autant plus qu'ils paroiſſoient le ſouhaiter avec beaucoup d'empreſſement. L'eau fut verſée; ils m'eſſuyèrent enſuite très-proprement; ils me ſautèrent au col, ils s'écrioient, vous êtes notre frère, vous êtes Chrétien.

Toute cette cérémonie finit par un grand dîner ; un des Chapelains prit beaucoup d'amitié pour moi en buvant ; il me dit le secret de l'Eglise. Toutes ces inepties, dit-il, furent inventées par des Fanatiques, & protégées par des Fripons : Les uns & les autres trouvèrent leur compte à tromper les hommes : les Energumènes nourrissoient leur orgueil en faisant des Prosélites : les gens adroits mirent l'argent des uns & des autres dans leurs poches. Quand la folie & l'intérêt se joignent ensemble, cela va loin ; la raison est venue trop tard, elle n'a pu résister au torrent ; & nous serons le peuple le plus absurde de la terre, jusqu'à ce qu'enfin la voix des honnêtes gens qui détestent ces infâmes, puisse se faire entendre.

Je levai les épaules de pitié ! j'embrassai mon homme, & je retournai bien vite dans mon pays.

F I N.